AF390637

VENTE

DES

MEUBLES

Chambre à coucher en acajou, Salons en laqué gris
Fauteuils, Bergères, Bibliothèque
Grillage, Tables, Trumeaux, Bureaux
Meubles divers, etc.

PIANO

OBJETS D'ART ET D'AMEUBLEMENT

Garnitures de cheminées
Candélabres, Appliques, Flambeaux, Terres-cuites
Glaces, Colonnes, Potiches, Biscuits
Statuettes en bronze, Cuivre, Etain, Armes

TAPIS - TENTURES

HOTEL DROUOT — SALLE N° 1

Le Lundi 9 Février 1914

à deux heures

COMMISSAIRE-PRISEUR	EXPERTS
Mᵉ **ROBERT BIGNON**	MM. **BRANDICOURT & BOURDIER**
41, *Rue de la Victoire*	144, *Rue de Courcelles*

EXPOSITION PUBLIQUE

Le Dimanche 8 Février 1914, de 2 heures à 6 heures

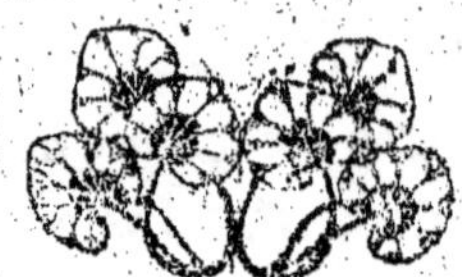

C. CHAUFOUR, Impr.
6-8, rue Milton, Paris

CONDITIONS DE LA VENTE

La vente sera faite au comptant.

Les acquéreurs paieront *dix pour cent* en sus des enchères.

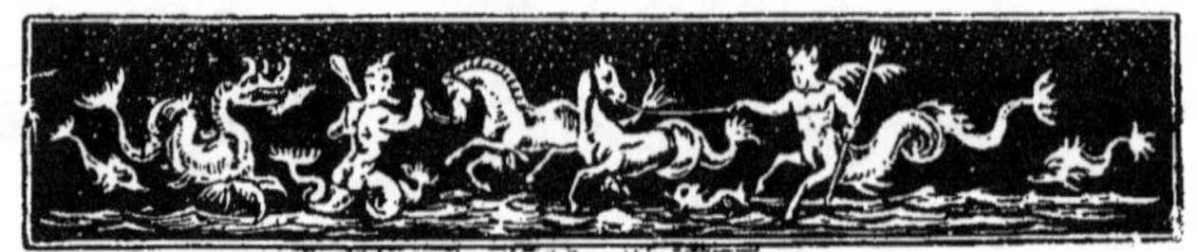

DÉSIGNATION

OBJETS D'ART & DE VITRINE

1 — Pendule en bronze ciselé et doré, surmontée d'un sujet d'après le tableau du baron
Gérard : « L'Amour et Psyché ». Elle est
ornée de motifs Louis XVI et Empire. Le
mouvement est de Lesieur. Epoque Premier
Empire.

2 — « La Fortune » d'après Jean de Bologne,
sujet en bronze sur un socle orné de motifs
ciselés.

3 — Fontaine en bronze, plateau de marbre
blanc.

4 — Char romain attelé de deux chevaux, en bronze.

5 — Buste de « Meissonnier » en bronze.

6 — Garniture de cheminée composée d'une pendule avec sujet : « Femme lisant » et de deux candélabres, en bronze ciselé et doré. Style Louis XVI.

7 — Buste d'homme en bronze de la maison BARBEDIENNE.

8 — Paire de petits candélabres à décor de Chinois. Epoque Directoire.

9 — Baromètre en bois doré. Epoque Louis XVI.

10 — Flambeau-bouillotte.

11 — Buste de Voltaire en bronze.

12 — Buste de J.-J. Rousseau en bronze.

13 — Paire de bouts de table en métal argenté.

14 — Encrier en faïence de Strasbourg.

15 — Six tasses en porcelaine de Naples.

16 — Drageoir en porcelaine du Japon, monture
en argent.

17 — Deux bols en Satzuma, décor à personnages.

18 -- Coupe en Satzuma.

19 — Cache-pot en Satzuma, monture en bronze.

20 — Bonbonnière en Satzuma.

21 — Deux plats en Satzuma.

22 — Groupe en terre cuite : Le Baiser, d'après
Houdon.

23 — Paire de grandes potiches en porcelaine de
Chine, décor à personnages.

24 — Garniture de cheminée en bronze doré,
style Louis XIV, composée d'une pendule
surmontée d'un amour et de deux candélabres à cinq lumières.

25 — Groupe en bronze : Le Triomphe de Bac-
chus. Socle en marbre blanc.

26 — Glace cadre en bois sculpté et doré Louis XIV.

27 — Cache-pot en Satzuma, décor à personnages.

28 — Paire de cache-pots en porcelaine blanche, décor à fleurs.

29 — Statuette en marbre blanc : Le Réveil, signé Varo.

30 — Paire de grandes appliques en bronze doré à cinq lumières électriques sur fond de bois.

31 — Lustre en bronze doré à quatre lumières électriques.

32 — Suspension de salle à manger en bronze, installée à l'électricité.

33 — Paire de colonnes en marbre.

34 — Machine à écrire.

35 — Coffret en tôle peinte ornée de bouquets de fleurs.

36 — Paire de flambeaux en plaqué. Epoque Louis XVI.

37 — Plaque en terre cuite à sujet allégorique. Epoque Louis XVI.

38 — Terre cuite représentant l'Amour et Psyché, signée Lenoir.

39 — Groupe en bronze : Chienne allaitant ses petits, par Delabrière.

40 — Coffret en cristal taillé à godrons, orné de bronzes dorés. Epoque Premier Empire.

41 — Pendule à colonnes torses et marqueterie.

42 — Flambeau en porcelaine, décor en bleu sur blanc.

43 — Reliquaire en bronze argenté.

44 — Trumeau peint en gris à filets or, bois sculpté, style Louis XVI à attributs de musique.

45 — Plafonnier en bronze, installé à l'électricité.

46 — Cache-pot en Satzuma, monture en bronze
doré·

47 — Statuette de guerrier en bronze patiné.

48 — Flambeau bouillotte en bronze doré.

49 — Grande statuette en biscuit.

5o — Pendule Empire en bronze doré, surmontée
d'une statuette de femme allégorique.

51 — Cartel en bronze doré à cariatide de femme
et guirlandes. Style Louis XVI.

52 — Pot à lait en cuivre.

53 — Paire de vases en bronze du Japon, décor à
fleurs et oiseaux en relief.

54 — Paire de chenèts en cuivre poli à têtes de
lions.

55 — Deux lampes juives en cuivre.

56 — Samovar en bronze patiné.

57 — Fontaine et son bassin en étain.

58 — Porte-cuillères garni de douze cuillères en étain.

59 — Deux cruches en cuivre poli.

60 — Deux aiguières en étain, manches en bois.

61 — Deux carabines.

62 — Deux fusils arabes.

63 — Paire de pistolets à pierre, garniture en cuivre.

64 — Sabre de sapeur, poignée à tête d'aigle.

65 — Boîte à poudre, le couvercle orné d'une miniature.

66 — Boîte en bois noir, ornée d'une miniature.

67 — Deux boîtes ornées de portraits de femmes.

68 — Miniature forme ronde : Portrait de femme.

69 — Miniature : Portrait de femme.

70 — Petit nécessaire en vermeil, dans une
b île.

71 — Deux sacs de dame, en perles.

72 — Deux reliquaires, cadres en peluche.

73 — Deux reliquaires, cadres en bois.

74 — Deux petites peintures sur émail.

75 à 78 — Boîtes à décors vernis Martin.
Sera divisé.

79 — Lot de partitions.

80 — CAUD. Intérieur : Fleurs et accessoires
sur une table.

81 — CAUD. Nature morte : Fleurs, violon, etc.

82 — CAUD. Nature morte : Table, vases et
chrysanthèmes, etc.

83 — CAUD. Christ entouré de saintes.

84 — CAUD. La Partie de cartes.

85 — Quatre gravures anglaises en couleurs.

86 — MERY. Scènes d'intérieur.

Deux aquarelles.

87-88 — Trois toiles peintes à décor d'amours sur fonds de paysages, encadrements à rinceaux. Epoque Louis XV.

MEUBLES ET SIÈGES

89 — Fauteuil recouvert de velours de Gênes. Style Louis XIV.

90 — Fauteuil recouvert de broderies et d'applications anciennes.

91 — Pouff recouvert de velours de Gênes.

92 — Armoire normande en bois sculpté et bouquets de fleurs.

93 — Deux chaises en noyer sculpté recouvertes d'étoffe broch'e. Style Louis XVI.

94 — Petit guéridon en poirier reposant sur trois pieds.

95 — Jardinière en bois de violette satiné garnie de bronze doré. Style Louis XV.

96 — Table-desserte à crémaillère en poirier garnie de bronzes. Style Louis XIV.

97 — Piano Erard en palissandre.

98 — Piano.

99 — Chambre à coucher en acajou garni de bronzes. Style Louis XVI, comprenant : un lit, une table de nuit et une armoire à deux portes.

100 — Table de salon en bois sculpté et doré, recouverte de drap. Style Louis XVI.

101 — Piano électrique de Stransky.

102 — Secrétaire en bois de rose s'ouvrant à un abattant, dessus couvert d'un marbre gris. Style Louis XVI.

103 — Table en marqueterie de bois garni de bronzes.

104 — Deux chaises en acajou recouvertes de soierie et ornées de bronzes.

105 — Deux escabeaux en chêne sculpté.

106 — Table à ouvrage en érable, intérieur orné d'une glace.

107 — Petit bureau en marqueterie à deux portes vitrées dans le haut. Style Louis XVI.

108 — Bibliothèque en acajou à trois portes grillagées, ornée de bronzes. Style Louis XVI.

109 — Guéridon en acajou, dessus en marbre entouré d'une galerie de cuivre. Style Louis XVI.

110 — Deux bergères en bois sculpté recouvertes de velours. Style Louis XVI.

111 — Canapé et deux fauteuils en bois sculpté peint gris à médaillons, recouverts de soierie.

112 — Commode en bois de rose s'ouvrant à trois tiroirs, dessus en marbre. Style Louis XVI.

113 — Six chaises Louis XVI à colonnettes.

114 — Table de salle à manger en acajou. Epoque Louis XVI.

115 — Table de salle à manger en acajou. Epoque Louis XVI.

116 — Pied de table Directoire.

117 — Lit de repos, laqué blanc. Epoque Directoire.

118 — Chaise longue en deux parties, laqué blanc. Style Louis XVI.

119 — Commode en acajou. Epoque Empire.

120 — Petite commode en marqueterie avec dessus de marbre. Epoque Louis XVI.

121 — Petite console en acajou avec dessus de marbre. Epoque Louis XVI.

122 — Table à jeu en marqueterie. Style Louis XVI.

123 — Buffet à deux corps. Louis XVI en chêne ciré.

124 — Buffet à deux corps. Louis XVI en chêne ciré.

125 — Meuble à hauteur d'appui avec glaces en noyer ciré.

126 — Meuble-vitrine en noyer, rechampis or.

127 — Petit meuble cabinet avec motifs peints.

TAPIS

128 — Tapis persan, fond bleu, bordures rouges.

$5^m55 \times 3^m55$.

129 — Tapis Smyrne, fond et bordure rouge, vert bleu.

$5^m8o \times 4^m8o$.

130 — Tapis Smyrne, fond rouge, bordure et médaillons bleus.

$4^m7o \times 5^m7o$.

131 — Carpette, fond rouge, bordure verte, médaillon crème.

132-133 — Deux carpettes de Perse.

$1^m8o \times o^m9o$.

134 — Tapis Gulistan.

$3^m48 \times 2^m51$.

135 — Tapis Boladan.

$3^m34 \times 2^m47.$

136 — Tapis Khorassan.

$4^m80 \times 2^m42.$

137 — Tapis d'Orient.

$3^m77 \times 2^m66.$

138 — Tapis d'Orient.

$3^m12 \times 2^m16.$

139 — Tapis Mahmoudié.

$3^m68 \times 2^m72.$

140 — Un petit tapis d'Orient.

141 — Objets omis.